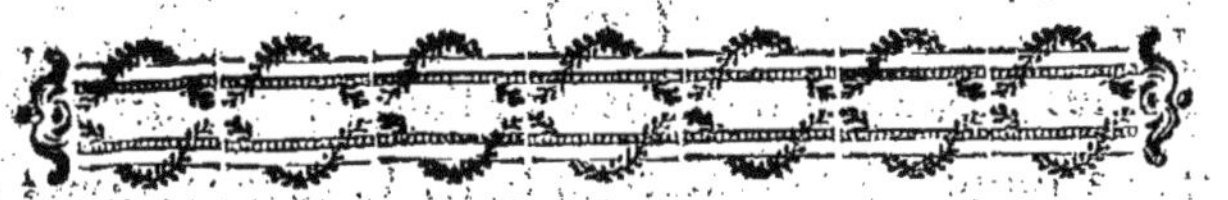

SUITE DE LA DÉNONCIATION A L'ASSEMBLÉE NATIONALE,

CONTRE le Sieur Comte de BUFFÉVENT, *& autres Aristocrates de la Ville forte d'Huningue;*

ET RÉCUSATION PRÉSENTÉE

CONTRE les Sieurs PHLIÉGER *&* REWBELL, *Députés d'Alsace à l'Assemblée Nationale.*

NOSSEIGNEURS,

LES Habitans d'Huningue ont suffisamment prouvé, par les Pieces qu'ils ont déposé au Comité des Rapports, tous les faits avancés dans leur Dénonciation. Mais s'ils avaient encore besoin de nouvelles preuves, ils les prendraient dans les titres même de leurs Adversaires, & vous feraient voir que les coupables moyens que l'astuce Aristocratique a forgé pour écraser les bons Citoyens, tournent à sa confusion.

Réduisons aux plus simples élémens l'affaire de la Ville d'Huningue :

1°. On s'est assemblé le 31 Janvier pour les préliminaires de l'élection, & le 1 Février pour l'élection même de la nouvelle Municipalité. Les jours avaient été fixés, & la convocation faite par le Syndic & les anciens Municipaux. Ces faits essentiels ne sont pas niés dans aucune piece des Adversaires.

2°. Le Syndic, avec deux Officiers Municipaux, & les Membres du défunt Magistrat, *mécontens de ce que le Peuple, lassé de leur despotisme, paraissait vouloir repousser leurs vues ambitieuses*, se sont retirés, tandis que cinq Officiers Municipaux ont continué la Séance. Les Adversaires n'ont pas encore osé disconvenir de ce fait.

3°. Les mécontens en formant une scission, voulaient la pallier par quelque apparence de prétextes; & ils insérerent dans leur opposition (1) *que le Curé n'était pas Citoyen actif, que les Etrangers reçus Bourgeois n'avaient pas le droit de voter, que des impuberes & des gens qui ne payaient pas l'impôt de trois journées, avaient donné leur voix.*

(1) Piece des Adversaires, deuxieme production, N°. 5.

Nous avons déjà répondu, Nosseigneurs, à la fin de la *Dénonciation*, *pages* 37 & 38, aux deux premieres Objections; & vous-mêmes avez expressément prononcé dans votre sagesse, en faveur des Curés Séculiers & Réguliers, & des Etrangers reçus Bourgeois. Conséquemment elles ne peuvent plus servir qu'à faire connaître l'esprit de chicane & d'astuce qui anime les Adversaires, perturbateurs de l'organisation que vous avez ordonnée.

Sur le reproche fait contre les *prétendus impuberes & autres, ne payant pas la taxe de l'impôt*, vous remarquerez, Nosseigneurs, que les Adversaires ne désignent pas nominativement dans leur opposition (1), & qu'ils n'ont point parlé à l'Assemblée d'élection de ces Hommes qu'ils veulent reprocher aujourd'hui. Ils pouvaient, ils devaient le faire alors. On eût jugé sur leurs assertions. Et puisqu'ils ne l'ont pas fait, ils ne doivent plus être reçus à réclamer contre ce qu'ils n'ont pas voulu empêcher.

D'ailleurs, quand deux ou trois individus non actifs se feraient glissés pour donner leur scrutin au milieu du trouble excité par les ennemis de l'organisation nouvelle, ils n'auraient rien changé

(1) Piece des Adversaires, deuxieme production, N°. 1.

au vœu général des Citoyens actifs, clairement exprimé par l'unanimité, ou du moins par la grande majorité des trois cinquiemes des suffrages, dans toutes les Délibérations & Elections. Ainsi, il n'y aurait pas lieu à déclarer nos opérations nulles pour ce sujet.

Enfin, il est absolument faux qu'aucuns impuberes & autres, ne payant pas la taxe de l'impôt, ayent donné leur suffrage. La preuve, sans réplique, en est aux Procès-verbaux du 31 Janvier & 1 Février (1), où l'on voit toutes les signatures de tous les votans, qui, comparées avec la liste légale des Citoyens actifs (2), prouvent l'exactitude, l'ordre & la légalité des Assemblées qu'on a détruit par les baïonnettes.

Plusieurs, à la vérité, ne payaient que trente-six sols pour trois journées de travail, prix auquel cinq Officiers Municipaux, formant la grande majorité, de concert avec la Commune, crurent devoir, suivant l'esprit de l'Assemblée Nationale, les fixer pour une Ville pauvre, qui ne peut pas avoir pour regle la même taxe que celle de Paris. Cette fixation est juste, humaine & légale. Celle faite postérieurement, pour fixer la journée à vingt sols, par le Syndic, avec deux ou trois Officiers

(1) Pieces du Curé-Député, Nos. 8 & 9.

(2) Pieces du Curé-Député, No. 41.

Municipaux, ſoutenus du Deſpotiſme Militaire, eſt injuſte, inhumaine, illégale.

Leur but a été évidemment d'exclure ceux qui étaient contraires à leurs manœuvres; c'eſt le même but qui les a fait retrancher le Curé & les Vicaires du nombre des Citoyens actifs; c'eſt le même but qui les a déterminés, contre l'eſprit de l'Aſſemblée Nationale & contre toute juſtice, à retirer aux étrangers, leurs co-bourgeois & leurs freres, le droit de voter, qu'ils leur avaient vendu; c'eſt, enfin, le même but qui les a fait porter l'inquiſition dans le ſein des familles mal-aiſées, pour leur appliquer la qualité d'inſolvables, quoiqu'ils n'euſſent contr'eux aucune Sentence formelle.

O! combien leur conduite eſt différente vis-à-vis de leurs partiſans, fauteurs des abus! Nous nous permettrons d'en citer un ſeul trait, parce qu'il regarde un des principaux Chefs de la Faction, qui a ſemé le trouble dans une Ville, où tous les habitans ſeraient reſtés paiſibles & unis malgré les convulſions des Magiſtrats & du Syndic expirants, ſoutenus dans leur agonie par le Comte de Buſſévent, intéreſſé à conſerver leur exiſtence.

Le ſieur Baudoin, Commiſſaire des Guerres, prétendu Préſident du Comité Ariſtocratique, qu'il forma lui-même très-illégalement au coin de ſon feu, lorſque les menaces militaires venaient de diſſoudre l'Aſſemblée légale d'élection ; le ſieur Baudoin, qui, à la tête de quelques factieux, ſes adhérents, s'empara pour lors *de l'Adminiſtration & de la Police de la Ville*, dont il dépouilla les Adminiſtrateurs légitimes par ſa toute-puiſſance arbitraire, ſans aucune forme de procès ; le ſieur Baudoin, Syndic du Diſtrict, ſubordonné par conſéquent de la Commiſſion intermédiaire Provinciale, contre laquelle il a oſé s'élever pour faire arrêter, par la force des armes, l'élection qu'elle avait commandée (1) ; le ſieur Baudoin, qui inſulte ſes créanciers par ſon faſte impudent, qui ruine cinq ou ſix Bourgeois honnêtes de la Ville, auxquels il ne paye ni capital, ni intérêts d'emprunt depuis pluſieurs années, qui va perdre tout-à-l'heure onze mille, ou tout au moins ſept mille livres de revenu, qu'il tirait des abus de l'ancien régime ; qui eſt aujourd'hui ſous le poids de pluſieurs décrets de priſe-de-corps, dont il s'eſt garanti juſqu'ici par lettres impolitiques de ſurſéance ; le ſieur Baudoin, enfin, que nos Adverſaires, par une tendre reconnoiſſance, ont mis à la tête de leur liſte des Citoyens actifs, eſt le

(1) *Voyez* dans la premiere Production des Adverſaires, Pieces du 1 Février & du 7 Février 1790.

ſeul que nous voulions comparer avec ces prétendus inſolvables qu'ils en ont rayé, quoiqu'ils ſoient sûrement beaucoup plus ſolvables & beaucoup moins faſtueux, beaucoup moins arrogans.

Nous nous diſpenſerons de citer les autres qui ſont dans le même cas, ou qui, ſuivant les principes des Adverſaires, ſeraient privés du droit de Citoyens actifs, qu'ils leur ont accordé pour les enrôler avec eux. Bien éloignés encore d'oppoſer la rigueur à tant d'injuſtices, nous craindrions d'affliger, d'humilier des freres égarés, dont nous attendons le retour; & il nous ſuffira d'obſerver à l'Aſſemblée Nationale, que le parti antipopulaire, en s'écartant ſans ceſſe de ſes vues, aurait réduit une Communauté d'environ deux cens quarante feux, ſans y comprendre la Garniſon ordinaire de deux Régimens, à quatre-vingt-dix individus qui euſſent pu voter. Ç'eût été à-peu-près la moitié de ceux à qui la Loi accorde ce droit, puiſque nous en trouvons cent ſoixante-treize, en retranchant même huit ou dix prétendans, dont les prétentions ſemblables avaient été favorablement écoutées à Strasbourg.

Ces odieuſes manœuvres auraient ſoulevé les dépoſitaires du Pouvoir militaire, s'ils n'avaient pas eu un intérêt particulier à les ſoutenir; & ſi M. le Baron de Klœckler, Maréchal-de-Camp, s'est prêté à leurs desseins, il n'en faut accuser que ce malheureux esprit de Corps, qui a si souvent étouffé l'esprit de Justice & de Patrie. Nous venons de voir sa Lettre à l'Assemblée Nationale, où, par des réticences & des amphibologies combinées, il jette un louche sur notre affaire; & pour la réfuter, nous nous contenterons de citer la réponse que lui a faite le Curé-Député de la Ville d'Huningue.

» Vous dites, M. le Baron, que *le parti op-*
» *posant à l'élection voulait se faire égorger plutôt*
» *que de la permettre*; & par-là vous peignez la
» fureur atroce de ceux dont vous avez encore
» exalté les absurdes prétentions, en les soutenant
» injustement. Vous saviez bien que nous n'au-
» rions pas été les chercher pour tremper nos mains
» dans leur sang; & vous aviez douze cens
» baïonnettes pour arrêter une douzaine de phré-
» nétiques qui menaçaient de faire tapage dans
» l'Assemblée.

» Vous dites, & vous paraissez vous glorifier
» *d'être venu à bout sans armes d'engager les deux*
» *partis à suspendre toute opération*; & vous fai-
» tes, sans y penser, l'éloge du Curé, Président,
» & du Troupeau qui le reconnaissait. Car ils n'a-
» vaient aucuns ordres à recevoir de vous. Le seul
» espoir d'une pacification volontaire les déter-

» mina à une déférence & à une soumission qu'ils
» ne vous devaient pas. Pour les opposans, vous ne
» les avez pas *engagés* à suivre vos avis, ils vous
» ont fait suivre les leurs.

» Vous dites que *trois Officiers Municipaux, avec le Syndic, sont venus vous demander les troupes pour empêcher l'élection*; & vous prétendez vous excuser par-là d'une faute qui a occasionné le renversement de l'ordre & des loix dans Huningue. Mais, 1°. vous aviez vu l'arrêté de la Commission intermédiaire Provinciale, qui ordonnait la continuation *très-urgente* de l'organisation nouvelle; & vous ne pouvez pas ignorer que tous les Officiers Municipaux (eussent-ils été d'accord avec vous) n'auraient pas eu le droit de casser ou de contredire cet arrêté. 2°. Vous saviez bien que trois Officiers Municipaux, avec le Syndic-Procureur, qui n'a pas droit de suffrage, ne formaient pas la majorité, puisque quatre Municipaux, de votre aveu, vous faisaient une réquisition contraire, & d'ailleurs conforme à l'ordre de la Commission Provinciale. 3°. Vous vous rappellerez sûrement, Monsieur le Baron, que lorsque notre Députation se présenta chez vous, la réquisition adverse n'était signée encore que de deux Municipaux, avec le Syndic; qu'un Magistrat, qui manifesta

» devant vous toute ſa rage, ſortit pour obtenir » l'acquieſcement d'un troiſieme; que nous attendîmes inutilement ſon retour dans votre appartement pendant près de deux heures; ce qui » prouve qu'on ne pouvait pas venir à bout de lui » arracher cet acquieſcement inſuffiſant : & en » conſéquence ſi ce Municipal, le ſieur Oddolay, » qui, inſtruit de l'arrêté de la Commiſſion intermédiaire, avait voulu (1), vingt-quatre heures » auparavant, ramener les deux autres égarés, » s'eſt porté, par ſéduction, par intrigue ou autrement, à ſigner cettte réquiſition, ſa ſignature, poſtérieurement cédée, ne juſtifierait pas la » conceſſion antérieure de la force militaire faite » par vous à deux Municipaux, contre la réclamation de quatre autres. D'ailleurs, ne devriez-vous pas vous croire coupable de la détermination lâche de cet Officier Municipal, vacillant » entre la juſtice qu'il connaiſſait & la puiſſance » militaire que vous veniez déjà de mettre en » action. 4°. La réclamation de la majorité bien » prouvée des Officiers Municipaux n'était qu'une » ſurabondance de droit pour notre cauſe, puiſque » dans les affaires de l'élection, les Municipaux » ne ſont plus que de ſimples Citoyens, & le » Préſident ſeul doit donner l'ordre, comme on

(1) Pieces des Adverſaires, 6 ou 7 Février.

» vous le fit voir encore, par un autre arrêté de » la Commiſſion intermédiaire (1). Or, en ma » qualité de Préſident, que vous n'avez pas pu » méconnaître, après l'inſpection des Pieces de » cette même Commiſſion (2), je vous ai de- » mandé la force militaire pour l'élection Muni- » cipale; vous me l'avez promiſe la veille au ſoir; » & cependant, Monſieur le Baron, vous Géné- » ral, dont la parole doit être ſainte, vous avez » retiré celle que vous m'aviez juſtement don- » née, pour ſervir enſuite une cauſe injuſte. « Voilà un fait bien intéreſſant, ſur lequel vous » avez adroitement gardé le ſilence dans votre » Lettre à l'Aſſemblée Nationale; mais ſachez » qu'il eſt ſuffiſamment prouvé par les Procès- » verbaux (3), & votre réticence ne pourra pas » nous être funeſte.

» Vous voudriez perſuader que *vous avez été* » *très-éloigné de rien juger*. Et pourtant vous avez » jugé, contre l'eſprit de l'Aſſemblée Nationale, » que la Commiſſion Provinciale avait tort, que » le Commandant de la Province avait tort, que » le Curé, Préſident, avait tort, que les Etran- » gers Bourgeois avaient tort, que la Commune

(1) Pieces du Curé-Député, N°s. 6 & 7.

(2) Pieces du Curé-Député, N°. 16.

(3) Pieces du Curé-Député, N°s. 17 & 20.

» d'Huningue avait tort ; puisque vous avez » suspendu par la force l'élection ordonnée, pour » laisser le tems à vos Compagnons d'armes, » au Syndic, aux Magistrats & Préposés de la » vieille Administration leurs consorts, de mieux » nouer leur intrigue pour une autre circonstance.

» En vain, Monsieur le Baron, vous paraissez » vouloir caresser l'Assemblée Nationale, en lui » disant que *vous vous êtes tourné du côté du parti* » *qui voulait s'adresser à Elle*, après avoir perdu » sa Cause de tous côtés ; vous n'en imposerez » point à notre auguste Sénat. Il avait sagement » défendu tout délai, & il ne vous était pas per- » mis, ni à vous, ni à nous, ni à qui que ce » soit, d'en accorder. Les mécontens avaient seu- » lement la liberté de protester & de se retirer ; » & si leur protestation eût été valide, notre » élection aurait été déclarée nulle. Ils se seraient » trouvés alors vis-à-vis de nous, dans le cas où » votre protection mal-à-propos accordée, nous a » mis vis-à-vis d'eux, de poursuivre la cassation » de nos opérations.

» Je vous l'ai dit, Monsieur le Baron, une » protestation ne doit rien arrêter ; car si chaque » chicane, que les ennemis de l'ordre pourraient » inventer, entraînait la suspension de l'élection » sous prétexte d'appel, ils imagineraient, après

» l'appel décidé, un nouveau moyen pour en former un autre sur un nouvel objet; & par-là ils arrêteraient éternellement l'organisation politique.

» Ainsi, en voulant accélérer l'exécution des Décrets de l'Assemblée Nationale, nous lui avons témoigné d'une maniere sûre notre soumission & notre zele; tandis que le retard & les troubles que vous avez occasionné, sous prétexte d'attendre sa décision, lui paraîtront d'autant plus condamnables que, dans le fait, vous n'avez pas attendu cette décision pour laquelle vous affectez tant de respect. Vous avez su, par moi-même, Monsieur le Baron, que je partais pour Paris, afin de la solliciter au nom de la Commune, après que vous nous eûtes lié les mains; & cependant vous avez permis, après mon départ, au parti que vous favorisez, de faire une élection, malgré le refus de la majorité des Citoyens, sur un simple avis donné par erreur au Comité de Constitution, & ensuite rétracté, qui, quand il eût été valide & décisif, n'annullait pas nos opérations premieres, dont vous avez protégé la destruction; & vous qui m'avez enveloppé de sentinelles, vous qui avez enchaîné mon Peuple, pour nous forcer d'attendre un Décret, vous

» n'avez pas voulu attendre ce même Décret que » je viens d'obtenir pour les Etrangers Bourgeois, » qui termine la discussion tout-à-fait en notre » faveur, à la honte de vos protégés.

» Je ne vous cacherai pas, Monsieur le Baron, » que la maniere dont vous êtes arrivé dans notre » Ville me parût un pronostique funeste pour notre » liberté. Appellé par le sieur Comte de Buffévents, » qui voulait vous faire contrarier l'injonction » qu'il avait reçue du Commandant de la Provin- » ce, vous passez devant l'Eglise, où le Peuple » était en effervescence, où l'incendie était allu- » mé; &, au lieu d'y entrer pour l'éteindre, vous » vous rendez au Comité aristocratique, où vos » Compagnons d'armes, réunis aux Préposés de » la vieille administration, soufflaient le feu qui » consumait la Ville.

» J'en ai dit assez, Monsieur le Baron, pour vous » faire reconnaître vos torts. Tournez à présent » vos regards vers cette malheureuse Ville, où vos » opérations ont jetté le trouble & l'alarme; » vers ces Peres, ces Epoux, qui ont été obligés » de s'expatrier; vers ces Infortunés à qui on ar- » rache les petits emplois qui fournissaient à leur » subsistance; vers tant d'honnêtes Citoyens, vic- » times de l'inquisition & des vexations de la Mu- » nicipalité illégale qui est votre ouvrage; &

» considérez combien de désastres vous avez à
» réparer.

» Je vous parle, Monsieur le Baron, avec cette
» franchise qui m'a toujours été propre, dans les
» tems même du despotisme. J'ai vu dans vous
» un fond honnête & juste. Vous paraissiez tou-
» jours prêt à faire les actes légitimes que je vous
» demandais; mais, sans force & sans énergie,
» vous cédiez, un instant après, aux impulsions
» de l'intrigue; & malheureusement vous vous
» laissiez mener par quelqu'un que vous auriez
» dû mener vous-même. Suivez donc votre incli-
» nation naturelle; ne prenez conseil que de
» votre cœur; & je suis persuadé que vous tra-
» vaillerez à diminuer la somme des maux que
» votre conduite vacillante a causé dans Huningue...

Cette réponse, NOSSEIGNEURS, détruit entierement toutes les inductions fâcheuses que l'on pourrait tirer des réticences & des amphibologies combinées dans la Lettre qui vous a été adressée par le Général Klœckler; & il ne reste plus aucune objection contre nous dans toutes les pieces que les Adversaires ont produites.

Au contraire, il résulte de leurs productions, que le sieur Comte de Bufflévent n'avait reçu aucune réquisition, jusqu'au 3 Février, pour employer la force militaire, & conséquemment que les menaces qu'il fit intimer le 1 Février à l'Assemblée de la Commune & au Messager de Ville, ne provenaient que de son despotisme, qui osait attenter à notre liberté & arrêter le développement de la Constitution (1); Que le sieur Ritter, Syndic, n'avait avec lui que deux Municipaux, lorsqu'il s'opposa à l'assemblée d'élection, tandis que cinq Municipaux avec le Président voulaient la continuer (2); Que le 6 Février, le même Syndic avec les deux mêmes Municipaux dans son cabaret, appellant les Bourgeois, au milieu des bouteilles, leur faisoit signer des arrêtés pour employer la force contre l'Ordonnance de la Commission intermédiaire, qui enjoignait *de continuer l'élection très-urgente* (3); Que le 7 Février, le Comité Aristocratique, présidé par le sieur Baudoin, Syndic du District, se conduisait avec la même impudence & la même insubordination (4);

(1) Pieces du sieur de Buffévent, 3 Février 1790. *Lui qui prétendait se sauver, par les réquisitions du Syndic, a bien gauchement produit cette piece, qui, comparée avec le N°. 9. pag. 2. & le N°. 15. de notre Production, où sont consignées ses menaces, ne lui laisse plus le moyen de rejetter sa faute sur un autre.*

(2) Pieces du sieur de Buffévent, 3 Février 1790.

(3) Deuxieme Production des Adversaires, 6 Février 1790.

(4) Pieces des Adversaires, 7 Février 1790.

Que

Que le 8 Février, le Syndic de la Ville, de concert avec le sieur Comte de Buffévent, faisait environner la maison du Curé-Président, de sentinelles, qui avaient ordre de ne laisser entrer personne chez lui (1) ; Que le 12 Février, la liste des Citoyens actifs, dressée par les Adversaires, excluait presque la moitié de ceux qui en avaient le droit (2) ; Qu'enfin, on n'est parvenu à attirer une portion du Peuple à l'élection des Municipaux actuels, qu'en lui exposant un faux décret de l'Assemblée Nationale, pour exclure le Curé & les Etrangers Bourgeois, tandis qu'elle les reconnaît pour Citoyens actifs (3) ; &c. &c. &c.

C'en est assez sans doute pour décider en notre faveur tous les amis des loix & de la liberté. Cependant, Nosseigneurs, daignez considérer encore que les malheureux habitans d'Huningue sont aujourd'hui accablés des plus cruelles vexations par ces Municipaux intrus ; que le Curé est menacé

---

(1) Deuxieme Production des Adversaires, 9 Février 1790.

(2) Production des Adversaires, 12 Février 1790. Il faut comparer cette Piece avec la Copie des Rôles, qu'ils ont également produite, & le Procès-verbal du 31 Janvier, *Pieces du Curé, Député*, N°. 8, où l'on trouve la fixation légale de la journée à douze sols.

(3) Copie du Greffier Aristocrate, jointe aux Pieces du Curé, Député, N°. 22.

d'être dépossédé & assassiné ; que de bons Citoyens ont été précipités dans les cachots ; que d'autres sont obligés de fuir dans une terre étrangère ; que la tranquillité, la sûreté de chaque individu est sans cesse en danger (1). Daignez considérer enfin que l'ordre public est interverti. Des Proclamations faites de toutes parts, des Convocations illégales d'un très-grand nombre de Communautés, des Pétitions ou Protestations proposées contre vos Décrets, &c. (2) tout cela prouve que la Municipalité usurpatrice d'Huningue, est le foyer d'un volcan dont il faut se hâter d'arrêter l'explosion.

Vous y parviendrez sans effort, NOSSEIGNEURS ; si vous faites droit aux Patriotes opprimés de cette Ville, si vous ordonnez que leur élection légale, qui a été arrêtée par l'astuce & la violence, sera continuée, malgré l'opposition dont nous avons démontré les moyens vicieux, qui serait déclarée nulle, ainsi que les assemblées, élections, convocations, sentences, délibérations, & généralement tout ce qui a suivi ; sauf telles autres Conclusions que votre Comité des Rapports jugera convenables, pour le rétablissement de l'ordre & de la liberté.

---

(1) Pieces du Curé - Député, Nos. 20, 26, 27, &c.
(2) Pieces du Curé - Député, Nos. 28, 29, &c.

DELARUE, *Curé - Député extraordinaire de la Ville d'Huningue.*

RÉCUSATION

Présentée contre les Sieurs PHLIÉGER & REWBELL, *Députés d'Alsace à l'Assemblée Nationale.*

RIEN n'est si dangereux pour ceux qui sont en contestation, que d'avoir parmi leurs Juges des personnes qu'ils ont lieu de suspecter. Non-seulement ils peuvent, par leur suffrage, faire triompher les Adversaires; mais comme l'intérêt particulier les porte à élever la voix le plus haut, ils ont par-là un ascendant sur leurs Confreres, qui, ne connaissant pas leurs raisons de partialité, se laissent trop souvent entraîner par leurs déclamations.

Le Curé-Député de la Ville d'Huningue, a connu tous ces dangers par une funeste expérience (1);

(1) L'Abbé Delarue, Curé d'Huningue, a eu le malheur d'avoir deux Procès en sa vie, l'un contre l'Aristocratie monacale, l'autre contre l'Aristocratie de quelques Nobles, Parlementaires, &c., qui auraient bien voulu l'écraser, & qui l'ont seulement empêché d'obtenir la justice qui lui était due; ce qui ne serait pas arrivé, s'il eût pu récuser les Juges prévenus & récusables qui s'assirent sur les fleurs de lis. Dans le premier Procès, à Paris, il reste un Appel comme d'abus,

& l'intérêt de ses Commettans l'oblige de la mettre à profit dans ce moment, & de vous présenter, NOSSEIGNEURS, ses motifs de récusation contre les sieurs Phliéger & Rewbell, qu'il prie de s'abstenir de juger dans l'affaire d'Huningue. Ces motifs eussent été suffisans dans le siecle même de l'aristocratie Judiciaire; ainsi, il n'est pas douteux que vous ne les admettiez aujourd'hui, que vous substituez la liberté de la raison à l'esclavage antique des formes, sur lesquelles le despotisme avait voulu s'étayer.

Le sieur Phliéger, Député d'Alsace, s'est chargé, pour nos Adversaires, sans en prévenir aucun de ses Collégues, de surprendre, au Comité de

---

fondé sur la Consultation faite de l'avis de *M. Pialles*, & signée, *Target*, *Courtin*, *de Herain-de-Saint-Aubin*, *Mouricault*, *Maiziére*. Ces noms-là ne font pas supposer une affaire perdue. Dans le second, à Besançon, sa Plainte a été déclarée *nulle*, pour un prétendu défaut de forme que le sens commun n'exigeait pas. Mais ses Adversaires y *sont restés en chemise sale*, comme on le dit dans la Ville & dans la Province, où le Peuple se pressant en foule à ses Plaidoyers, a cherché à le venger, par ses applaudissemens & par des marques suivies d'estime & d'intérêt, des injures & du défaut de justice. Il s'en rapporte au témoignage de ses Députés. Tels sont les deux Procès, dont les insurgens d'Huningue prétendent arguer contre lui, qui, d'ailleurs, ne signifient rien dans l'affaire présente, quand il les aurait perdus entierement.

Constitution, un avis contre nous; & quoique cet avis, contraire à l'esprit de vos Décrets, ait été ensuite rétracté par ce Comité, qui a reconnu son erreur, le sieur Phliéger n'a pas rétracté la protection qu'il avait accordée aux insurgens d'Huningue; & au lieu de les rappeller à la loi, il les incite à conserver leurs usurpations par des vexations de tout genre, en leur promettant de les appuyer de son puissant crédit auprès de l'Assemblée Nationale.

Non content de présenter au Comité, en leur nom, des Ecrits faux & absurdes, & particulierement une Requête atroce, pour faire déposer le Curé, *qui a eu le bonheur de lui rendre quelques petits services, en lui prêtant sa plume, lorsqu'il était Syndic du District* (1), il y joint un brief

(1) Le bon cœur du sieur Phliéger lui rappellera sûrement que le Curé d'Huningue a écrit, à sa priere, divers objets, & particulierement des lettres à M. Necker. Les Alsaciens, qui savent que le sieur Phliéger écrit très-mal en français & pas trop bien en allemand, comprendront aisément cette vérité. Il est vrai que depuis quelque-tems on a vu un petit imprimé contre les Juifs, décoré au frontispice du nom de M. Phliéger; ce qui pourrait faire supposer qu'il s'est naturalisé avec la langue depuis son séjour à Paris. Mais tous ceux qui le connaissent savent qu'il a dû trouver, au lieu du secours gratuit du Curé d'Huningue, le secours un peu plus dispendieux d'un Ecrivain parisien. Il fallait bien faire quel-

Mémoire, de sa façon, contre lui (1). On n'en parlerait pas, s'il ne portait en tête le nom imposant d'un Député de la Nation. Il se réduit à ces deux mots : 1°. *Que la Municipalité, usurpatrice, d'Huningue est parfaitement bien composée ; 2°. Que le Curé a une vieille haine contre les anciens Magistrats, & de l'ambition.*

1°. *Que la Municipalité d'Huningue est parfaitement bien composée.* Parmi les six Membres, on compte cinq Cabaretiers & l'ancien Receveur du Magistrat, qui doit rendre ses comptes de dix années, avec ce même Greffier, dont nous dénonçons deux actes faux. Ce sont-là les plus faibles raisons contre cette belle formation. On en trouve de plus fortes contre le Syndic, &c. dans notre premiere dénonciation.

2°. *Que le Curé a une vieille haine contre les anciens Magistrats, & de l'ambition.* Des hommes inutilement méchans, dont toutes les entreprises ont été sans succès, n'excitent pas la haine, mais

---

que sacrifice pour déployer l'apparence des talens qui doivent le conduire aux grandes dignités du département qu'il ambitionne.

(1) Ce Mémoire, joint aux Pieces des Adversaires, commence par ces mots : *M. Phliéger observe, &c.* Il peut observer, écrire, plaider, solliciter, cabaler contre nous ; mais après cela qu'il ne s'avise pas de nous juger.

la pitié; & au contraire le retranchement de sept à huit mille livres d'abus annuels, sur la motion du Curé, a dû leur laisser un ressentiment amer sur le cœur. Et c'est la cause & en même tems la démonstration de la proposition inverse de celle du sieur Phliéger, qu'il a vaguement & faussement énoncée.

Pour répondre au reproche d'*ambition* qu'il ose faire au Curé d'Huningue, il suffit de rapporter le fait de son élection à la Présidence, qui prouve bien son désintéressement & son amour pour la paix. Malgré les intrigues & la faveur combinées, du Syndic, du Notaire, des Magistrats & de l'Etat-Major, le Peuple voulait donner une marque d'attachement & de reconnaissance à son Pasteur. Il est nommé Président, à la grande majorité absolue. Les Partisans de l'ancien régime jettent feu & flamme. Pour réunir leurs forces ils érigent un Comité aristocratique, où ils appellent plusieurs militaires. Mrs. le Lieutenant-Colonel & le premier Capitaine du Régiment de Bretagne, en garnison, sont de ce nombre. Le Curé va les trouver & leur dit : *Je sais, Messieurs, que des raisons d'intérêt particulier rendent ma Présidence désagréable à ceux qui vous ont inscrit dans la liste de leur Comité. Je veux la paix, sans cesser de vouloir le bien public; & pour concilier les Partis opposés, j'offre de me retirer de cette Place, pourvu qu'on y laisse monter, sans une nouvelle élection, celui qui seul après moi a eu un certain nombre de voix. C'est M. Degorze, dont je connais le Patriotisme. Mais si on rejette cette offre conciliatoire, je déclare que je me crois obligé en conscience de garder une charge où je puis, par ma fermeté, conserver l'équilibre des loix, qui serait probablement rompu par le mauvais choix que prépare l'intrigue des hommes intéressés à troubler la nouvelle organisation.*

Cette proposition, qui prouve également l'attachement du Curé à la Constitution & son amour pour la paix, fut acceptée, & portée ensuite par les deux Officiers qu'on appelle en témoignage, & que les opposans ne pourront sûrement pas récuser. En la rejettant, ils ont fait voir clairement qu'ils voulaient à toutes forces faire prévaloir leurs manœuvres. Cependant le Curé n'en est pas moins justifié, par ses offres pacifiques & désintéressées de l'accusation d'ambition indécemment formée contre lui par le sieur Philiéger. Il serait à souhaiter que ce Député pût également répondre à un reproche pareil, mais bien mieux fondé, qu'on lui fait dans le Département du Haut-Rhin.

On dit, en effet, sieur Philiéger, que vous voulez y devenir l'Aristocrate universel, le Dominateur absolu, qui feriez régner vos caprices à la place des loix. On offre de vous prouver, & vous ne pouvez pas disconvenir, que vous avez envoyé des listes multipliées dans les trois Districts, où vous avez inscrit tous vos cousins, amis & comperes, qui ont été représentés comme des hommes importans, recommandés par l'Assemblée Nationale. A la faveur de ce mensonge antipatriotique, on a prôné dans les Campagnes vos protégés, quoiqu'exclus par de sages Décrets, que vous, Législateur, avez prononcé (1), & que

(1) M. Phliéger a recommandé dans sa liste les sieurs Baudoin, Blanchard, Valence, Scholler & Schultz, tous membres de l'ancien régime, dont l'abolition leur fait perdre à chacun une dignité, & depuis 250 liv. de revenu, jusqu'à 7000 liv. & davantage. Tous ont des comptes à rendre; & la Municipalité a même inscrit dans ses registres un arrêté, par lequel elle fait à tous & à chacun d'eux des répétitions. Ainsi, suivant les Décrets, ils ne peuvent pas être élus dans la nouvelle administration. Mais le sieur Phliéger a été bien traité, bien régalé chez eux; mais ils ont d'ailleurs, dit-on, de grands rapports d'intérêt ensemble, voilà de fortes raisons qui doivent être préférées aux Décrets. On apprend, dans le moment, que la recommandation du sieur Phliéger a été infructueuse, & qu'aucun de ses protégés d'Huningue, nos Adversaires, n'a été nommé, malgré toutes les intrigues & les illégalités préparées pour cet effet. Cela suffit pour prouver à l'Assemblée Nationale que le vœu de M. Phliéger n'est pas le vœu du Peuple d'Huningue, & du Canton qu'on y avait illégalement réuni.

votre intérêt personnel voudrait déjà enfreindre. Nous croyons devoir à nos Compatriotes, à nos bons Alsaciens, de les garantir de l'erreur, où votre ambition pourrait les faire tomber, en les prévenant, par cet Ecrit public, que l'Assemblée Nationale ne vous a aucunement autorisé à cette démarche irréguliere, qu'elle la désapprouve au contraire comme une intrigue dangereuse, comme une manœuvre souterraine pour surprendre la liberté; & nous sommes assurés que cet avertissement, que nous publions contre vous avec courage, est conforme aux principes & aux loix de notre auguste Sénat.

C'en est assez contre le sieur Phliéger. Nous devons présenter nos moyens contre le sieur Rewbell, qui, par un sentiment d'amitié pour lui, ou par tout autre intérêt, dont nous ne chercherons pas à pénétrer la cause, s'est porté envers nous à un excès indigne d'un Représentant de la Nation. Voici le fait sur lequel nous appellons à témoins tous les honorables Membres de la Députation d'Alsace, qui en ont paru attristés.

Les pieces probantes, remises par le Curé-Député d'Huningue, au Secrétariat de Constitution, avaient disparu. Depuis un mois on les cherchait inutilement; inutilement on avait retourné quatre à cinq fois sous ses yeux tous les papiers du bureau ; ce gros volume, de plus de 400 pages *in-folio*, ne reparaissait pas. Les Secrétaires commis accuserent alors qu'un Député d'Alsace, dont le nom leur était inconnu, avait dit *de ne pas les enregistrer, sous prétexte que l'affaire allait être tout de suite terminée.* La Députation de la Province s'étant réunie à ce sujet, le sieur Phliéger, reconnu par eux, ne disconvint pas d'abord de l'assertion qu'ils lui imputaient. *Eh quoi!* dit le Curé d'Huningue, *vous sollicitez depuis trois mois contre moi, pour* que mon affaire ne soit pas terminée, *& vous avez pris le prétexte* qu'elle allait être terminée tout de suite, pour empêcher qu'on n'enregistrât nos papiers? *Quelle contradiction singuliere! Et combien ne vous fait-elle pas paraître coupable de la perte ou de l'égarement des pieces?*

Le sieur Rewbell seul, prêt à défendre son gros ami, s'écrie avec une rustique audace : *Le Curé d'Huningue serait bien fâché de retrouver ses papiers* (1).

Quelle atroce impudence! repartit avec feu

---

(1) Le surlendemain de cette tempête, ces pieces singulierement perdues, ont été singulierement retrouvées dans le bureau où on les avait si long-tems cherchées. Ce qu'il y a de plus étonnant, c'est qu'elles étaient engrossées de plusieurs pieces nouvelles des Adversaires, dont le Curé est fort aise d'avoir eu communication.

le Curé cruellement outragé! *Non, je ne serais pas fâché de retrouver mes pieces; je le desire fortement. Au reste, je vous ferai voir que je n'en ai pas besoin pour détruire les manœuvres des protégés de votre ami. Je demande donc, Messieurs, & je vous supplie, de vous réunir tous à moi pour demander que je sois jugé sur la seule portion des pieces des Adversaires, que M. Phliéger vient de rapporter aujourd'hui au Bureau. Elles suffiront pour faire connaître la justice de la Cause que je défends, & par conséquent pour couvrir M. Rewbell de confusion.*

Telle fut la réponse du Curé, qui n'a pu que lui confirmer l'estime des Députés d'Alsace, affectés de l'apostrophe indécente de leur collégue. Un Juge qui prouve, d'une maniere si odieuse, ses préventions contre son Client, ne doit plus être admis dans le Tribunal à prononcer sur sa Cause. Si le propos du sieur Rewbell est la suite d'un mauvais dessein formé, il est très-instant qu'il soit récusé. S'il n'est, au contraire, qu'une grossiereté irréfléchie, la présente Récusation, qu'il a bien méritée, lui servira de leçon d'éducation, dont nous l'engageons à profiter pour mettre un peu plus d'aménité dans son caractere.

Il est un troisieme Membre de l'Assemblée Nationale qui semble s'être joint à la coalition des deux précédens. On ſait que par leur inſpiration il déclame contre les prétendues chicanes du Curé d'Huningue, ſans vouloir approfondir les chicanes véritables, ou plutôt les crimes & les noirceurs de nos Adverſaires; qu'il ſollicite pour nous faire renvoyer au Département, où le ſieur Phliéger entend faire inſtaller nos Parties pour nous juger, ſans vouloir examiner ſi la gravité de l'affaire n'appartient pas à notre auguſte Sénat; qu'il engage, enfin, ſes amis, que l'évidence des faits diſpoſe en notre faveur, à ne pas ſe déſunir de leur triple alliance, ſans vouloir réfléchir que toutes ces alliances, ces coalitions, ces *compérages* de Juges, ſont des attentats contre la Juſtice. Nous le croyons honnête, mais trompé & tenace dans ſon erreur, qui ne lui permet pas de voir ni d'entendre ce qui pourrait la détruire. C'eſt pourquoi, nous ne lui cacherons pas, que nous ſerions fort aiſe qu'il ſe retirât du Tribunal, dans notre Cauſe, quoiqu'il ſoit libre d'y reſter, puiſque nous ne voulons pas le nommer, pour n'être pas obligés d'entrer dans les longues diſcuſſions des reproches que nous aurions à lui oppoſer.

Malgré tout eſprit de partialité, il ne pourra pas diſconvenir, avec les ſieurs Phliéger & Rewbell, que les lumieres réunies de onze cens quatre-vingt-dix-ſept Sénateurs ſuffiront bien dans leur abſence, pour pénétrer tous les nuages dont on voudrait couvrir la vérité ; & , d'ailleurs, ils ont toujours le droit d'écrire, de parler, de plaider, de ſe préſenter à la Barre, pour y défendre leurs protégés, pourvu qu'on accorde le droit réciproque au Curé de la Ville d'Huningue, chargé des intérêts des plaignans. Ils ſont bons Patriotes, diront-ils ; mais ils ſont hommes, & pourquoi feraient-ils infaillibles ? Le Curé d'Huningue n'eſt-il pas auſſi bon Patriote, lui qui, par ſes écrits, ſes imprimés & ſes ſouffrances, a travaillé à accélérer la réformation dont ils jouiſſent déjà, avant qu'ils en euſſent eu ſeulement l'idée ?

On doit bien penſer que c'eſt à regret qu'un Paſteur-citoyen s'éleve contre quelques Membres du Corps auguſte, dont il bénit les travaux, dont il adore les Décrets. Il ſavait que le ſieur Phliéger, dans les bureaux & dans les cafés, dans le public & dans le particulier, de vive voix & par écrit, tendait à le noircir, lui & les Patriotes ſes conſorts, par d'abominables calomnies. Il ſavait qu'il était ſans ceſſe occupé d'intrigues & de cabales, qu'il cherchait à former une coalition, pour étouffer, par de ſourdes manœuvres, un Procès dont il voyait la perte aſſurée pour ſes favoris. Il le ſavait depuis quatre mois, & depuis quatre mois il gardoit le ſilence ; depuis quatre mois il espérait que le sieur Phliéger rétracterait son erreur, comme ceux qu'il avoit voulu tromper; depuis quatre mois, enfin, il prouve assez sa patience & sa douceur; & il doit prouver à présent, par son courage & sa fermeté, qu'il est digne d'être le pere & le défenseur de ses enfans, qui attendent de lui leur salut & leur bonheur; il doit armer ses mains du glaive de la vérité, pour écarter ceux qui tentent d'écraser, par l'astuce, tant de bons Citoyens depuis si long-tems opprimés.

Vous rendrez donc justice, NOSSEIGNEURS, à la démarche forcée du Curé-Député d'Huningue. Et, faisant droit sur ses reproches, vous ordonnerez que le sieur Phliéger & Rewbell soient tenus de descendre du Tribunal, si d'ailleurs ils persistaient à vouloir s'y asseoir, pour prononcer dans la Cause qui est mise sous vos yeux; & ferez Justice.

Signé, DELARUE, *Curé-Député de la Ville d'Huningue.*

De l'Imp. de CL. SIMON, Imp. de Mgr. L'ARCHEVÊQUE de Paris, rue Saint-Jacques. N°. 27. 1790.

www.ingramcontent.com/pod-product-compliance
Ingram Content Group UK Ltd.
Pitfield, Milton Keynes, MK11 3LW, UK
UKHW012123240726
13965UKWH00005B/1943

9 782013 097796